AF194742

Impressum
Verlag: BABADADA GmbH, Nedderfeld 112 , 22529 Hamburg
Geschäftsführer / Verlagsleitung: Harald Hof
Druck: Books on Demand GmbH, In de Tarpen 42, 22848 Norderstedt

Imprint
Publisher: BABADADA GmbH, Nedderfeld 112 , 22529 Hamburg, Germany
Managing Director / Publishing direction: Harald Hof
Print: Books on Demand GmbH, In de Tarpen 42, 22848 Norderstedt

school

escola

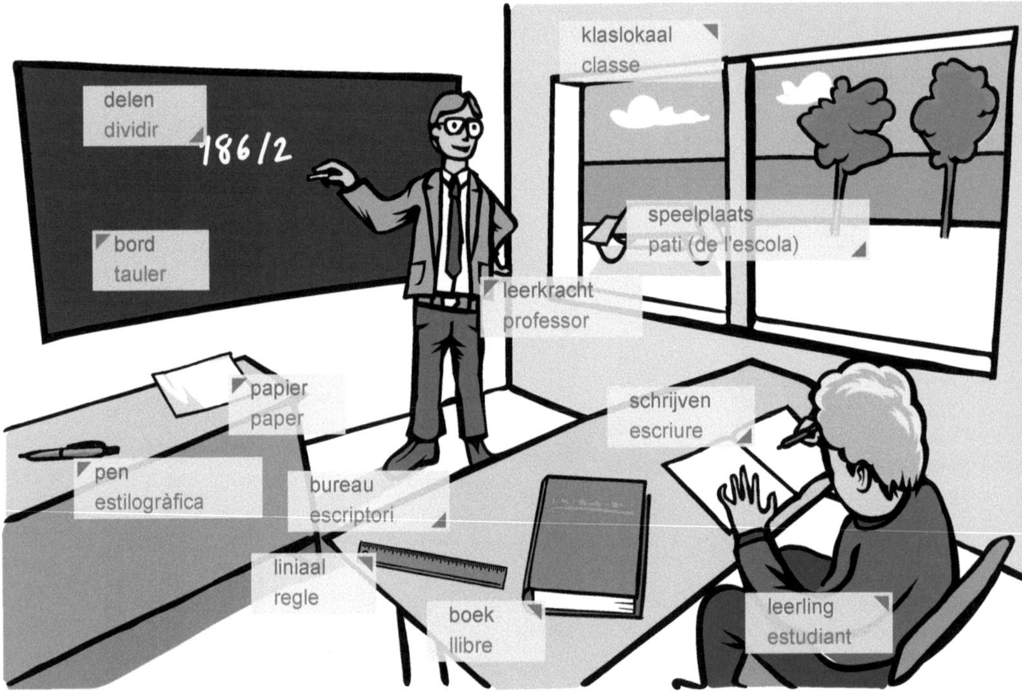

klaslokaal
classe
delen
dividir
186/2
speelplaats
pati (de l'escola)
bord
tauler
leerkracht
professor
papier
paper
schrijven
escriure
pen
estilogràfica
bureau
escriptori
liniaal
regle
boek
llibre
leerling
estudiant

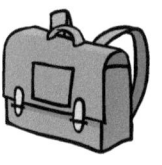

schooltas
bossa

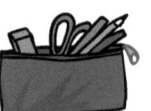

pennenzak
estoig

potlood
llapis

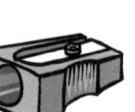

puntenslijper
maquineta de fer punta

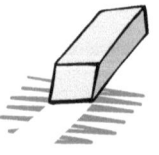

gom
goma

tekenblok
bloc de dibuix

tekening

dibuix

verfborstel

pinzell

verfdoos

capsa de pintures

schaar

tisores

lijm

cola

werkboek

quadern d'exercicis

huiswerk

deures

nummer

nombre

optellen

afegir

aftrekken

sostreure

vermenigvuldigen

multiplicar

rekenen

calcular

letter

lletra

alfabet

alfabet

hello

woord

mot

tekst

text

Lezen

llegir

krijt

guix

les

lliçó

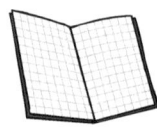

klassenboek

llibre de classe

examen

examen

certificaat

certificat

schooluniform

uniforme escolar

onderwijs

formació

encyclopedie

enciclopèdia

universiteit

universitat

microscoop

microscopi

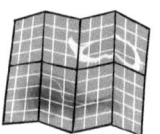

kaart

mapa

papiermand

paperera

reis
viatge

hotel
hotel
Grand
jeugdherberg
alberg
ROOMS
wisselkantoor
oficina de canvi
CHANGE
koffer
maleta
auto
automòbil

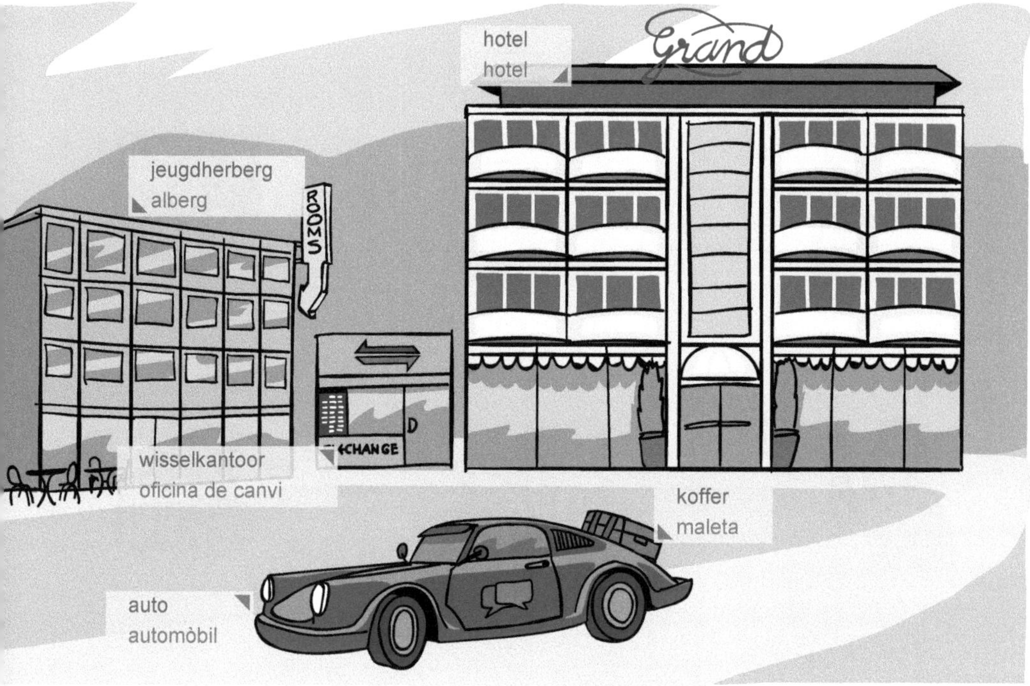

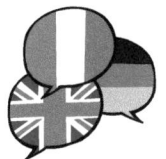

Taal
llengua

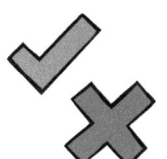

ja / nee
sí / no

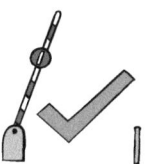

oké
D'acord

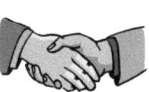

hallo
Ey!

vertaler
traductora

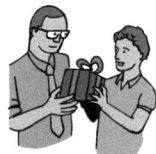

bedankt
gràcies

Hoeveel kost ...?

Quant costa... ?

Ik begrijp het niet

No entenc

probleem

problema

Goedenavond!

Bona nit!

Goedemorgen!

bon dia!

Goedenavond!

bona nit!

Tot ziens

fins aviat

richting

direcció

bagage

bagatge

zak

bossa

rugzak

sarrona

gast

convidat

kamer

cambra

slaapzak

sac de dormir

tent

tenda

toeristeninformatie

oficina de turisme

strand

platja

kredietkaart

carta de crèdit

ontbijt

esmorzar

lunch

dinar

avondeten

sopar

ticket

bitllet

lift

ascensor

postzegel

segell

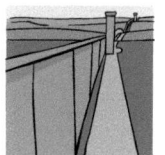

grens

frontera

douane

duana

ambassade

ambaixada

visum

visat

paspoort

passaport

transport
transport

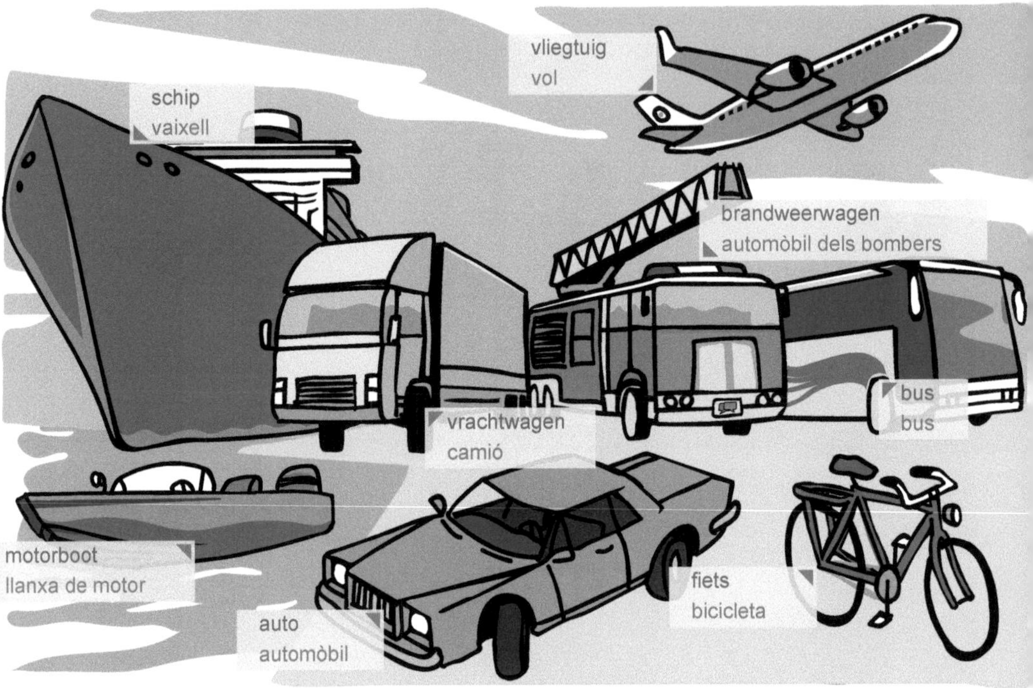
vliegtuig
vol
schip
vaixell
brandweerwagen
automòbil dels bombers
bus
bus
vrachtwagen
camió
motorboot
llanxa de motor
fiets
bicicleta
auto
automòbil

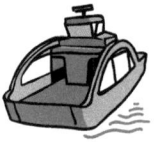

veerboot

transbordador

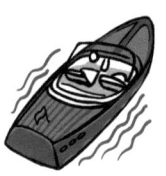

boot

barca

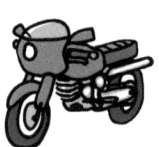

motor

moto

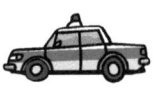

politiewagen

automòbil de policia

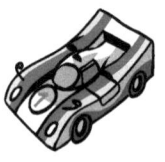

racewagen

automòbil de curses

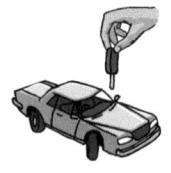

huurauto

automòbil de lloguer

carpoolen

vehicle compartit

sleepwagen

grua

vuilniswagen

camió de les escombraries

motor

motor

benzine

benzina

benzinestation

benzineria

verkeersbord

senyal de trànsit

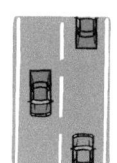

verkeer

trànsit

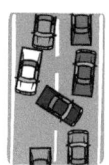

file

embús

parkeerplaats

aparcament

station

estació de trens

sporen

vies

trein

tren

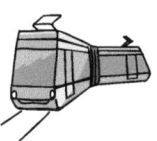

tram

tramvia

wagon

vagó

helikopter

helicòpter

luchthaven

aeroport

toren

torre

passagier

passatger

container

contenidor

karton

capsa de cartó

kar

carretó

mand

cistella

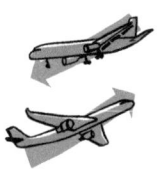

opstijgen / landen

enlairar-se / aterrar

stad

ciutat

dorp

poble

stadscentrum

centre de la ciutat

huis

casa

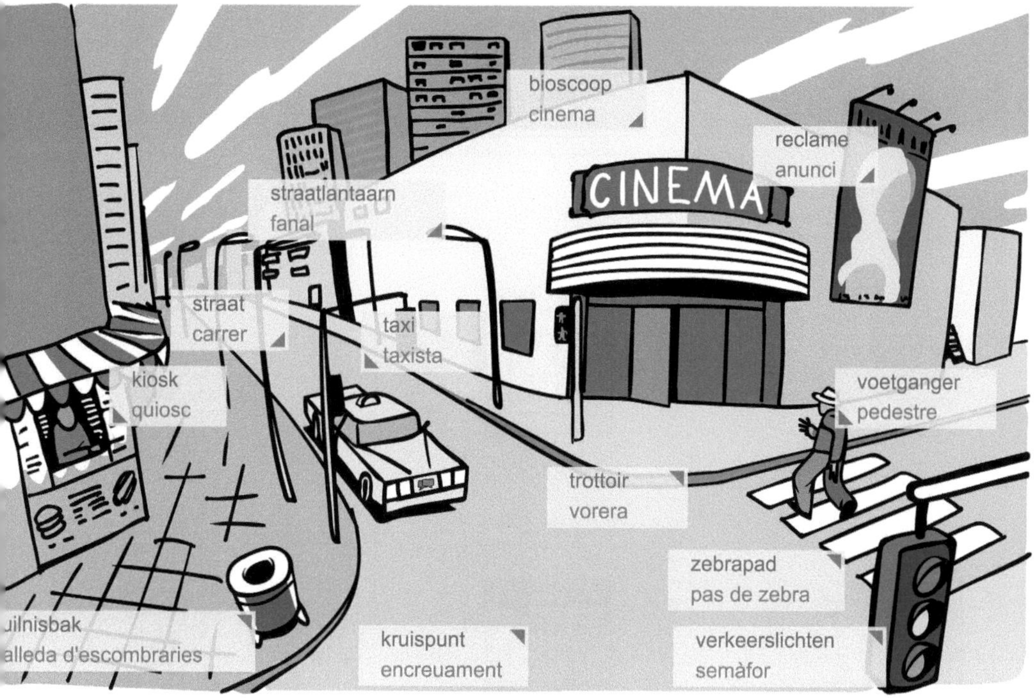

bioscoop
cinema

reclame
anunci

straatlantaarn
fanal

CINEMA

straat
carrer

taxi
taxista

kiosk
quiosc

voetganger
pedestre

trottoir
vorera

zebrapad
pas de zebra

uilnisbak
alleda d'escombraries

kruispunt
encreuament

verkeerslichten
semàfor

hut

cabana

woning

apartament

station

estació de trens

stadshuis

casa de la vila-ciutat

museum

museu

school

escola

universiteit
universitat

bank
banca

ziekenhuis
hospital

hotel
hotel

apotheek
farmàcia

kantoor
oficina

boekwinkel
llibreria

winkel
botiga

bloemenwinkel
floristeria

supermarkt
supermercat

markt
mercat

warenhuis
gran magatzem

vishandelaar
peixateria

winkelcentrum
centre comercial

haven
port

park

parc

bank

banc

brug

pont

trap

escala

metro

metro

tunnel

túnel

bushalte

parada d'autobús

bar

bar

restaurant

restaurant

brievenbus

bústia de correu

straatnaambord

senyal indicador

parkeermeter

parquímetre

zoo

zoo

zwembad

piscina

moskee

mesquita

boerderij
granja

milieuverontreiniging
pol·lució

kerkhof
cementiri

kerk
església

speelplaats
parc infantil

tempel
temple

landschap

paisatge

blad
fulla

wegwijzer
cartell indicador

weg
camí

weide
prat

steen
pedra

boom
arbre

wandelaar
excursionista

rivier
riu

gras
gespa

bloem
flor

vallei

vall

heuvel

muntanya

meer

llac

bos

bosc

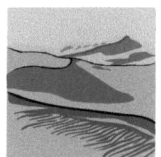

woestijn

desert

vulkaan

volcà

kasteel

castell

regenboog

arc de Sant Martí

paddenstoel

bolet

palmboom

palmera

mug

moscard

vlieg

mosca

mier

formiga

bijl

abella

spin

aranya

kever

escarabat

kikker

granota

eekhoorn

esquirol

egel

eriçó

haas

llebre

uil

òliba

vogel

ocell

zwaan

cigne

wild zwijn

senglar

hert

cervo

eland

ant

dam

presa

windturbine

turbina

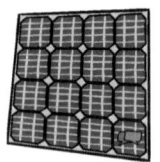

zonnepaneel

panell solar

klimaat

clima

ober
▶ cambrer

menu
▶ menú

stoel
▶ cadira

soep
sopa

pizza
pizza

▶ tafelkleed
tovalla

bestek
coberts

voorgerecht
primer plat

hoofdgerecht
plat principal

nagerecht
darreries

drankjes
begudes

eten
menjar

fles
ampolla

fastfood

menjar ràpid

street food

menjar de carrer

theepot

tetera

suikerpot

sucrer

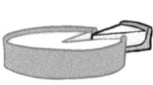

portie

porció

espressomachine

màquina d'espresso

kinderstoel

trona

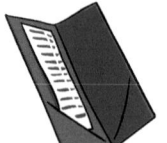

rekening

factura

dienblad

plata

mes

ganivet

vork

forqueta

lepel

cullera

theelepel

cullereta

serviette

tovalló

glas

got

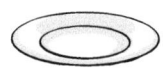

bord
plat

soepbord
plat de sopa

schoteltje
plateret

saus
salsa

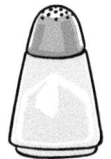

zoutvatje
saler

pepermolen
molinet de pebre

azijn
vinagre

olie
oli

kruiden
espècies

ketchup
quètxup

mosterd
mostassa

mayonaise
maionesa

supermarkt
supermercat

aanbieding
oferta especial
FOR
klant
client
zuivelproducten
productes lactis
fruit
fruites
winkelwagen
carret de la compra

BUTCHERS

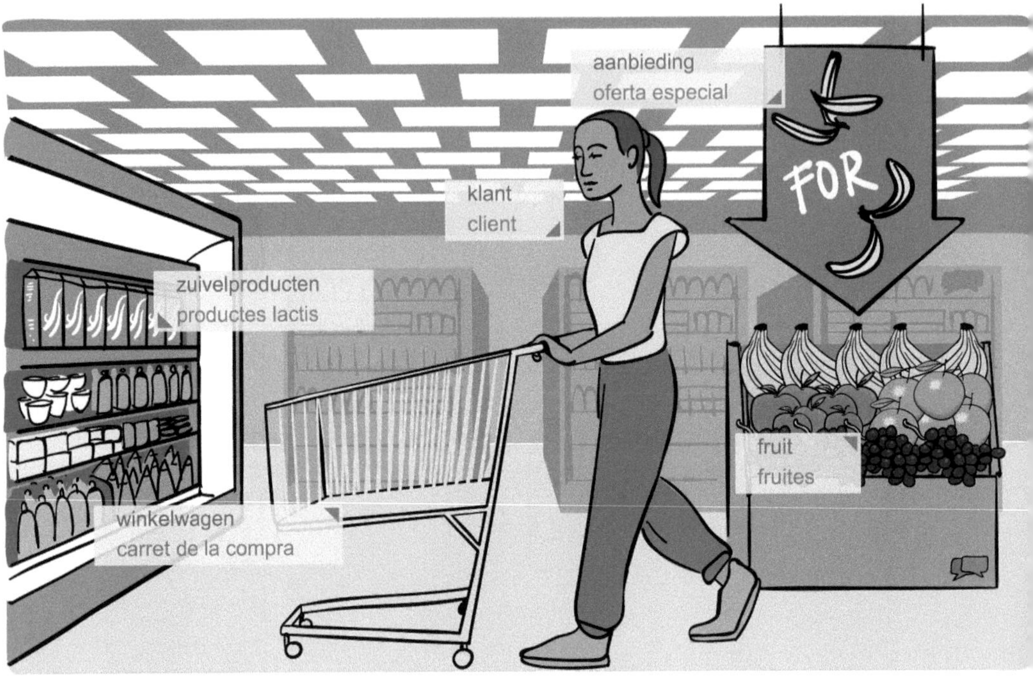

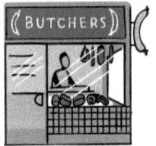

slagerij

carnisseria

BAKERY

bakkerij

forn de pa

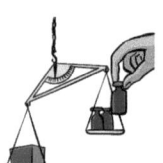

wegen

pesar

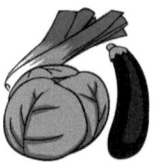

groenten

verdures

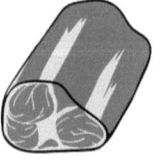

vlees

carn

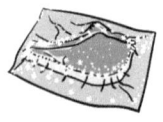

diepvriesvoedsel

menjar congelat

charcuterie
carn freda

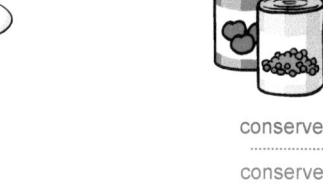

conserven
conserves

waspoeder
detergent en pols

snoep
dolços

huishoudproducten
articles domèstics

schoonmaakproducten
productes de neteja

verkoopster
venedora

kassa
caixa registradora

kassier
caixera

boodschappenlijstje
llista de la compra

openingstijden
horari d'obertura

portefeuille
portamonedes

kredietkaart
carta de crèdit

tas
bossa

plastieken zakje
bossa de plàstic

drankjes
begudes

water

aigua

sap

suc

melk

llet

cola

coca-cola

wijn

vi

bier

cervesa

alcohol

alcohol

cacao

cacau

thee

te

koffie

cafè

espresso

espresso

cappuccino

cappuccino

banaan

banana

appel

poma

sinaasappel

taronja

meloen

sindria

citroen

llimona

wortel

pastanaga

knoflook

all

bamboe

bambú

ajuin

ceba

champignon

bolet

noten

avellanes

noodles

fideus

spaghetti

espaguetis

rijst

arròs

salade

amanida

frieten

patates fregides

gebakken aardappelen

patates fregides

pizza

pizza

hamburger

hamburguesa

sandwich

entrepà

kalfslapje

escalopa

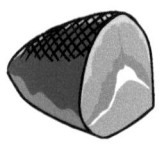

ham

cuixot

salami

salami

worst

salsitxa

kip

pollastre

braden

rostit

vis

peix

havervlokken

flocs de civada

muesli

musli

cornflakes

cereals

bloem

farina

croissant

croissant

pistolet

panet

brood

pa

toast

torrada

koekjes

bescuits

boter

mantega

kwark

mató

taart

pastís

ei

ou

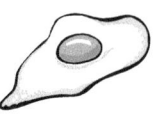

spiegelei

ou fregit

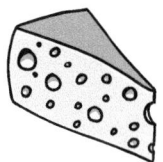

kaas

formatge

ijs

gelat

suiker

sucre

honing

mel

confituur

melmelada

choco

crema de xocolata

curry

curri

boerderij
granja

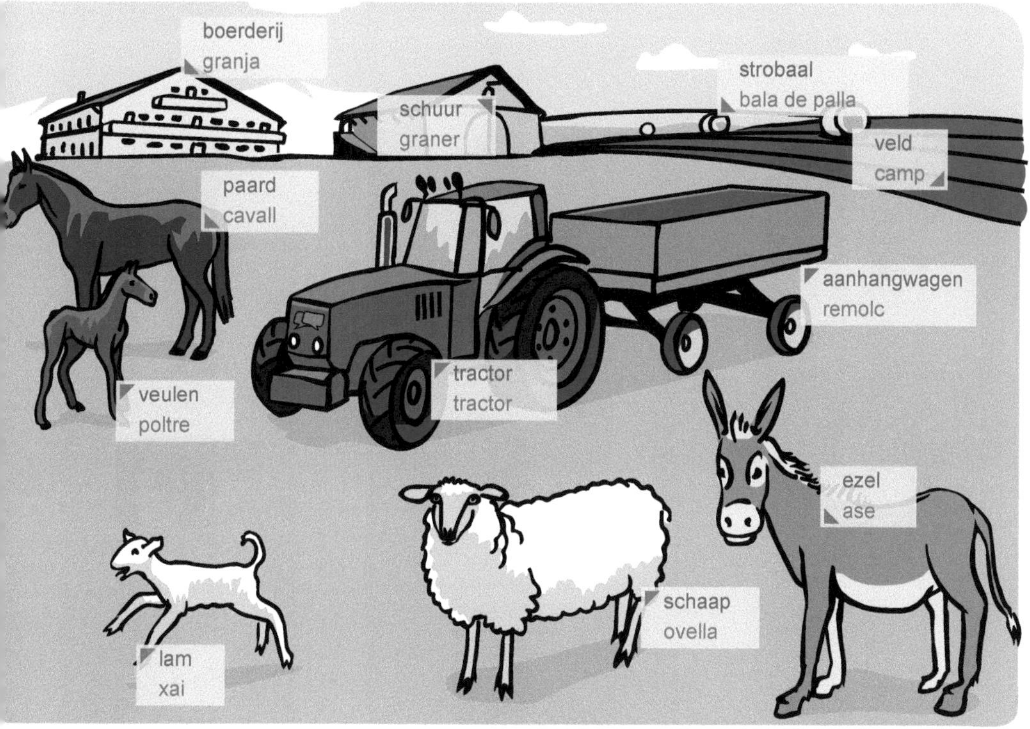

boerderij
granja
schuur
graner
strobaal
bala de palla
veld
camp
paard
cavall
aanhangwagen
remolc
veulen
poltre
tractor
tractor
ezel
ase
schaap
ovella
lam
xai

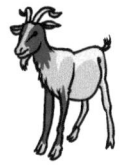

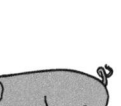

geit

cabra

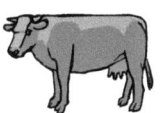

koe

vaca

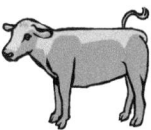

kalf

vedella

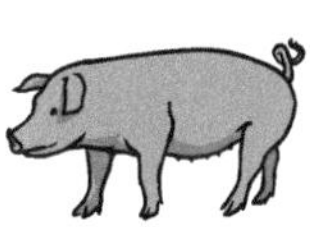

varken

porc

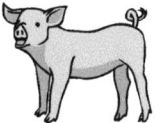

biggetje

garrí

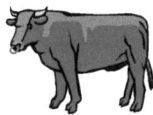

stier

bou

gans
oca

eend
ànec

kuiken
poll

kip
gall

haan
gallina

rat
rata

kat
gat

muis
ratolí

os
bou

hond
gos

hondenhok
gossera

tuinslang
mànega de regar

gieter
regadora

zeis
dalla

ploeg
arada

sikkel

falç

schoffel

aixada

hooivork

forca

bijl

destral

kruiwagen

carretó

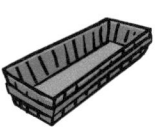

trog

abeurador

melkkan

lletera

zak

sac

hek

tanca

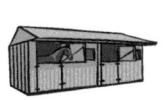

stal

establa

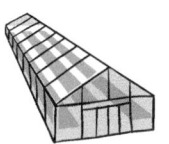

broeikas

hivernacle

bodem

sòl

zaad

llavor

mest

adob

maaidorser

collidora

oogsten

collir

oogst

collita

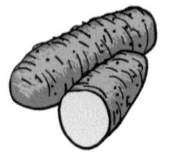

yam

nyam

tarwe

blat

soja

soja

aardappel

patata

maïs

blat de moro o d'indi

koolzaad

colza

fruitboom

arbre fruiter

maniok

mandioca

graan

cereals

huis
casa

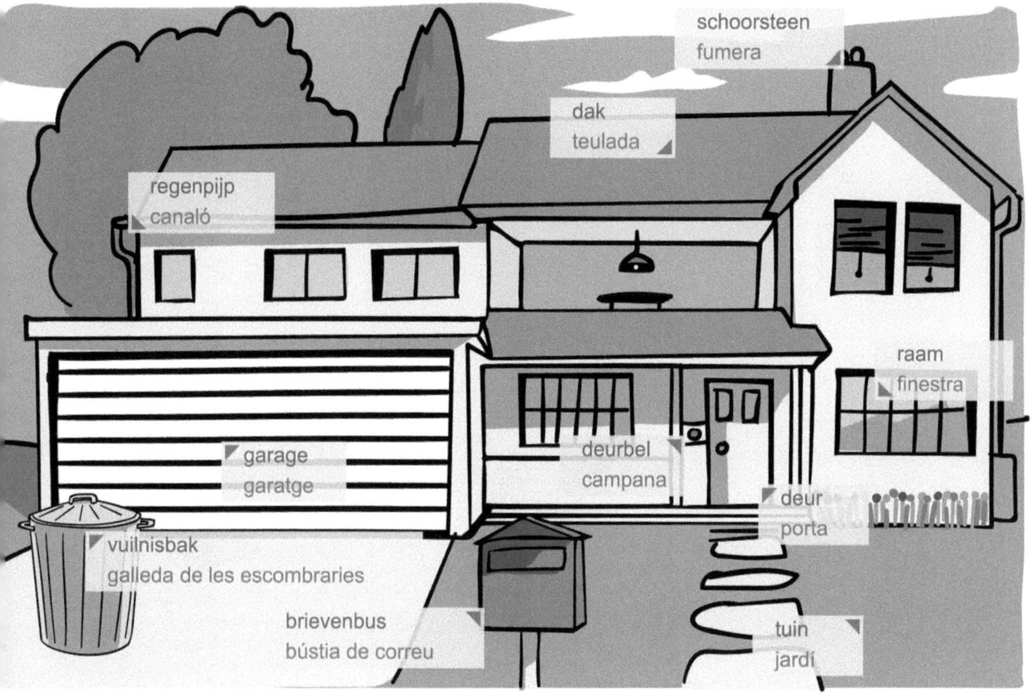
schoorsteen
fumera
dak
teulada
regenpijp
canaló
raam
finestra
garage
garatge
deurbel
campana
deur
porta
vuilnisbak
galleda de les escombraries
brievenbus
bústia de correu
tuin
jardí

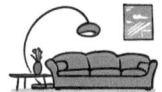

woonkamer

sala d'estar

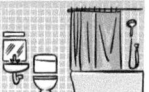

badkamer

bany

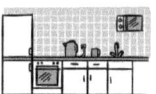

keuken

cuina

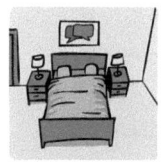

slaapkamer

cambra de dormir

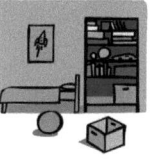

kinderkamer

cambra de nen

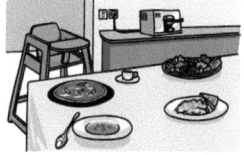

eetkamer

menjador

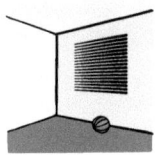

vloer
sòl

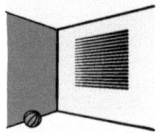

muur
paret

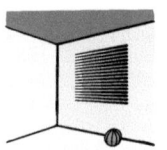

plafond
sostre

kelder
soterrani

sauna
sauna

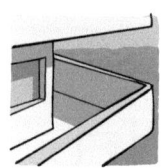

balkon
balcó

terras
terrassa

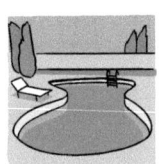

zwembad
piscina

grasmaaier
tallagespa

dekbedovertrek
vànova

dekbed
cobrellit

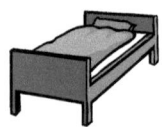

bed
llit

bezem
escombra

emmer
galleda

schakelaar
interruptor

woonkamer
sala d'estar

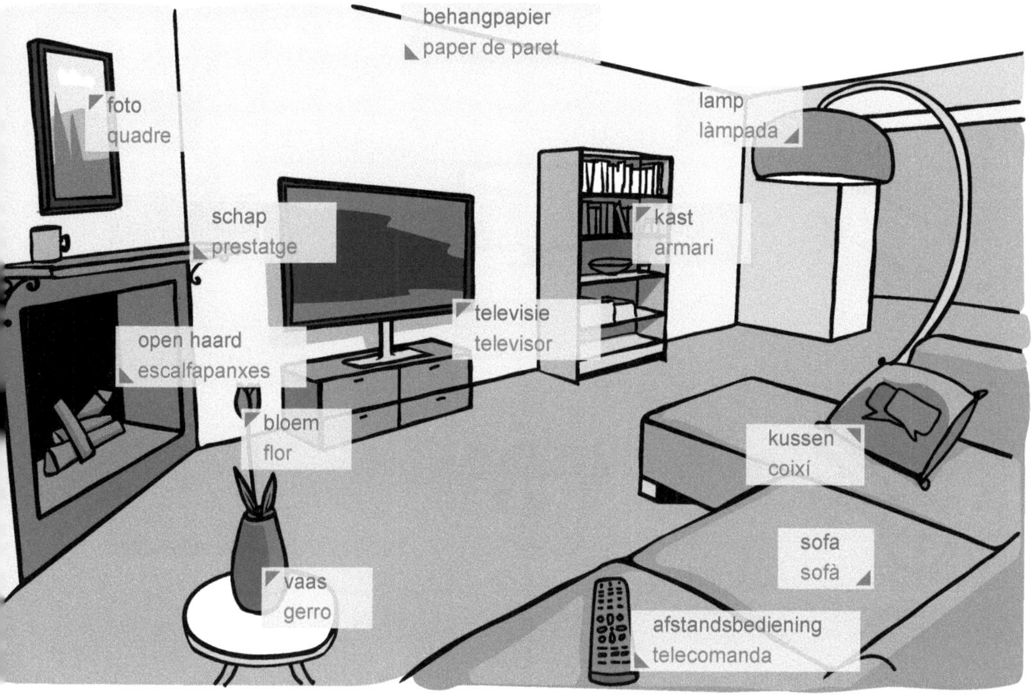
behangpapier
paper de paret
foto
quadre
lamp
làmpada
schap
prestatge
kast
armari
televisie
televisor
open haard
escalfapanxes
bloem
flor
kussen
coixí
sofa
sofà
vaas
gerro
afstandsbediening
telecomanda

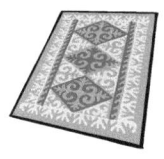

mat

catifa

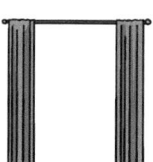

gordijn

cortina

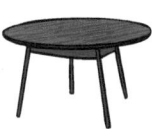

tafel

taula

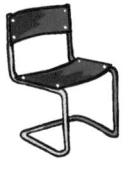

stoel

cadira

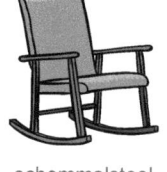

schommelstoel

cadira gronxadora

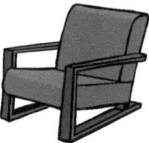

fauteuil

cadiral

boek

llibre

deken

llençol

decoratie

decoració

brandhout

llenya

film

film

stereo-installatie

cadena de música

sleutel

clau

krant

diari

schilderij

pintura

poster

cartell

radio

ràdio

notitieboekje

bloc de notes

stofzuiger

aspiradora

cactus

cactus

kaars

candela

keuken
cuina

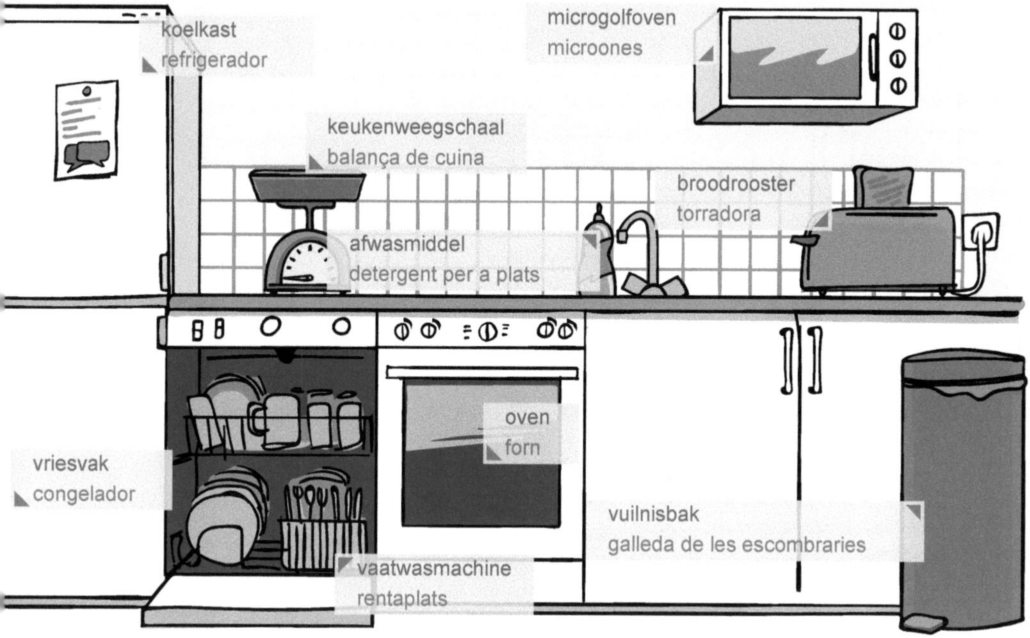

koelkast
refrigerador
microgolfoven
microones
keukenweegschaal
balança de cuina
broodrooster
torradora
afwasmiddel
detergent per a plats
oven
forn
vriesvak
congelador
vuilnisbak
galleda de les escombraries
vaatwasmachine
rentaplats

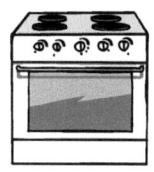

fornuis

cuina de fogons

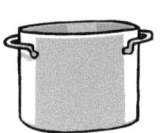

pot

olla

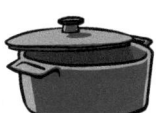

gietijzeren pot

olla de ferro colat

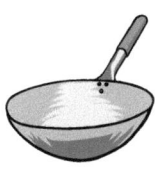

wok / kadai

wok / karahi

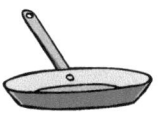

pan

paella

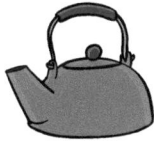

waterkoker

bullidor

stoomkoker

olla de vapor

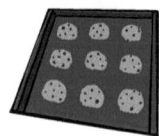

bakplaat

plata de forn

servies

vaixella

mok

tassa grossa

kom

bol

eetstokjes

bastonets xinesos

pollepel

culler

spatel

espàtula

garde

batedor

vergiet

colador

zeef

sedàs

rasp

ratllador

mortier

morter

barbecue

barbacoa

haardvuur

foc a terra

keuken - cuina

snijplank

taula de tallar

deegrol

corró

kurkentrekker

llevataps

blik

pot de conserva

blikopener

obridor

pannenlap

agafador

gootsteen

aigüera

borstel

raspall

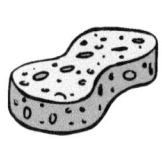

spons

esponja

blender

batedora

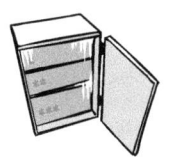

vriezer

congelador

papfles

biberó

kraan

aixeta

keuken - cuina

badkamer

bany

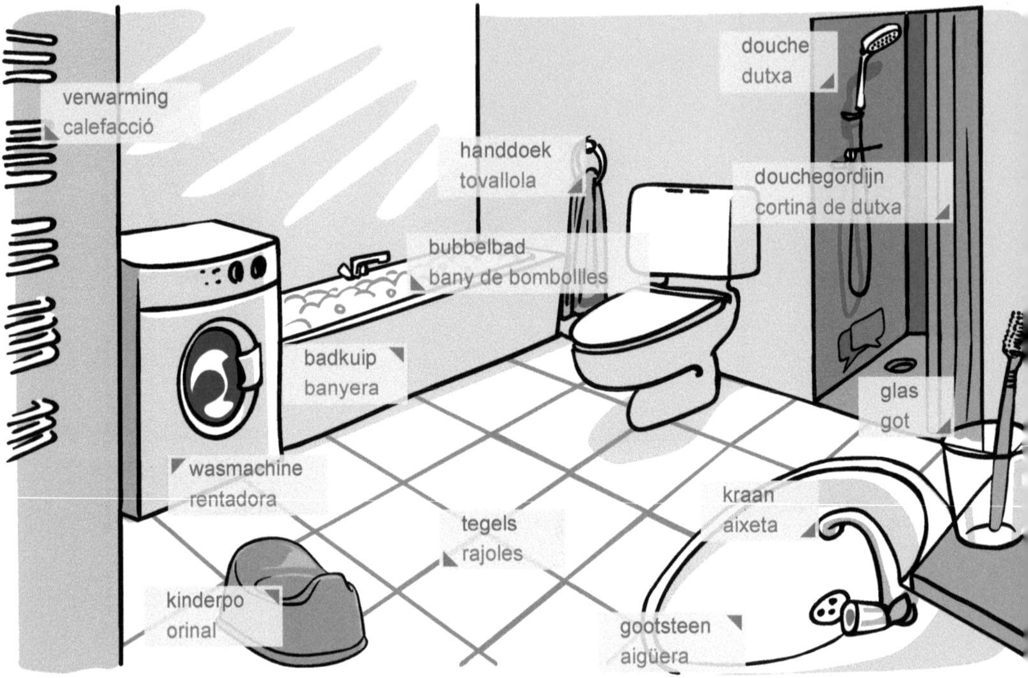

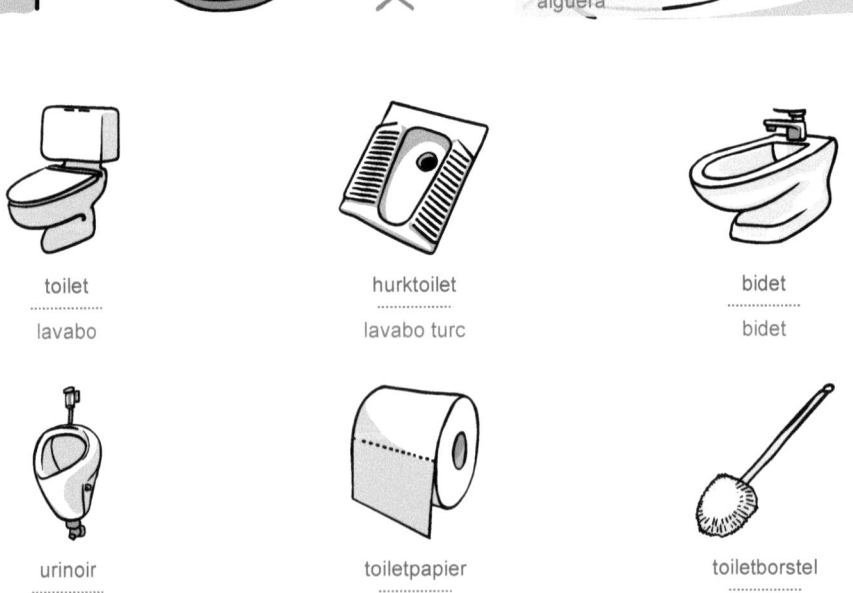

verwarming
calefacció
handdoek
tovallola
douche
dutxa
douchegordijn
cortina de dutxa
bubbelbad
bany de bombollles
badkuip
banyera
glas
got
wasmachine
rentadora
kraan
aixeta
tegels
rajoles
kinderpo
orinal
gootsteen
aigüera

toilet

lavabo

hurktoilet

lavabo turc

bidet

bidet

urinoir

orinador

toiletpapier

paper higiènic

toiletborstel

escombreta de sanitari

tandenborstel

raspall de dents

tandpasta

pasta de dents

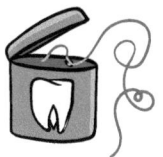

flosdraad

fil dental

wassen

rentar

handdouche

pom de dutxa

bidethanddouche

dutxa íntima

waskom

rentamans

rugborstel

raspall per a l'esquena

zeep

sabó

douchegel

gel de dutxa

shampoo

xampú

washandje

manyopla de bany

afvoer

bonera

crème

crema

deodorant

desodorant

spiegel

mirall

handspiegel

mirall-espill de mà

scheermes

maquineta de rasar

scheerschuim

espuma de barbejar

aftershave

loció post-rasada

kam

pinta

borstel

raspall

haardroger

eixugador

haarlak

laca

make-up

maquillatge

lippenstift

pintallavis

nagellak

esmalt d'ungles

watten

cotó

nagelknipper

tallaungles

parfum

perfum

toilettas

estoig de bellesa

kruk

tamboret

weegschaal

bàscula

badjas

barnús

latex handschoenen

guants de goma

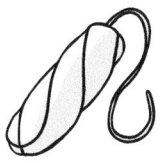

tampon

compresa higiènica

maandverband

compresa

chemisch toilet

sanitari químic

kinderkamer
cambra de nen

wekker
despertador
knuffel
animal de peluix
speelgoedauto
auto de joguina
rammelaar
sonall
poppenhuis
casa de nines
geschenk
present

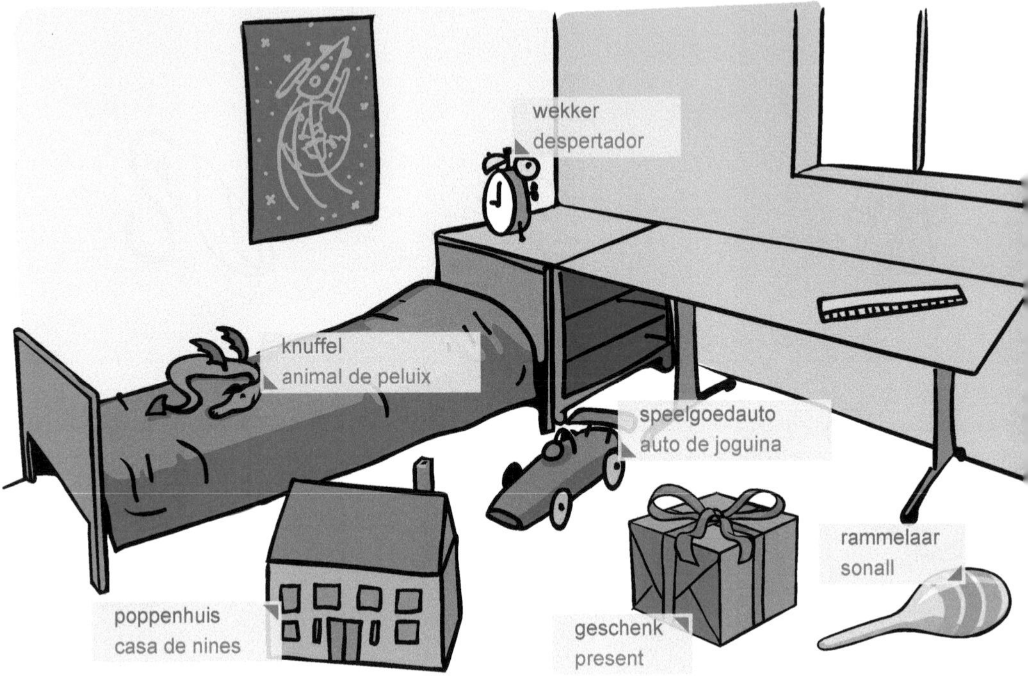

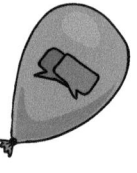

ballon
baló

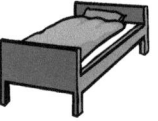

bed
llit

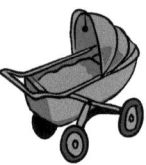

kinderwagen
cotxet per a nens

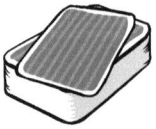

spel kaarten
joc de cartes

puzzel
trencaclosca

SUPER MEGA
stripboek
historieta

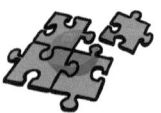

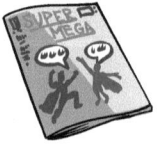

legoblokjes

peces de lego

blokken

peces de construcció

actiefiguur

ninot d'acció

kruippakje

granota

frisbee

frisbee

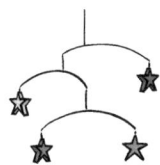

mobiel

mòbil per a bressol

bordspel

joc de taula

dobbelsteen

daus

modelspoorweg

tren elèctric

fopspeen

xumet

feest

festa

prentenboek

llibre de dibuixos

bal

pilota

pop

nina

spelen

jugar

zandbak

sorrera

schommel

gronxador

speelgoed

joguines

spelconsole

consola de jocs de vídeo

driewieler

tricicle

knuffelbeer

osset de peluix

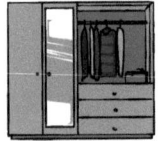

kleerkast

armari

kleding

roba

sokken

mitjons

kousen

mitges

maillot

mitja pantaló

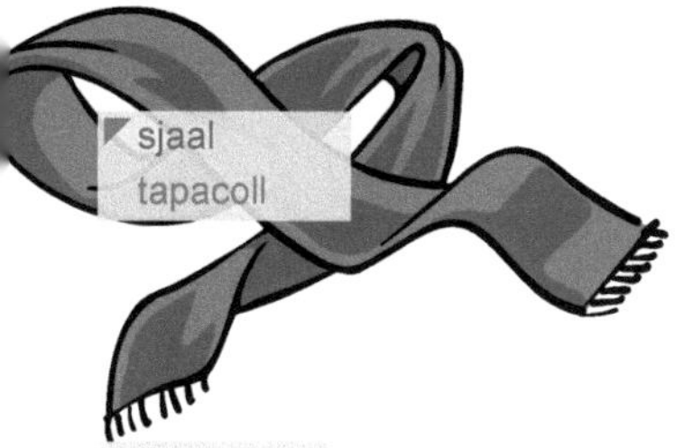

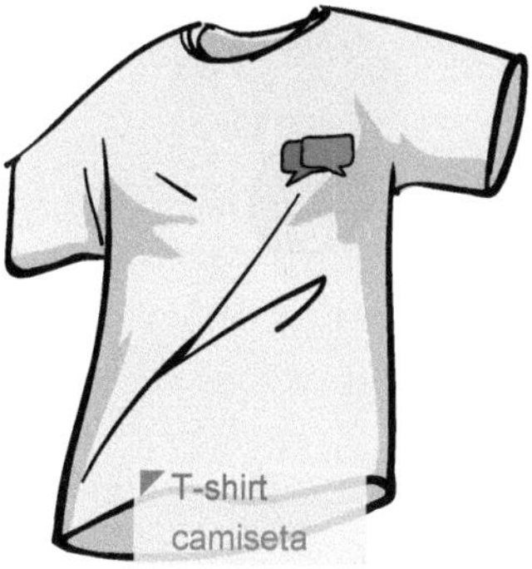

sjaal
tapacoll

riem
cintura

paraplu
paraigua

T-shirt
camiseta

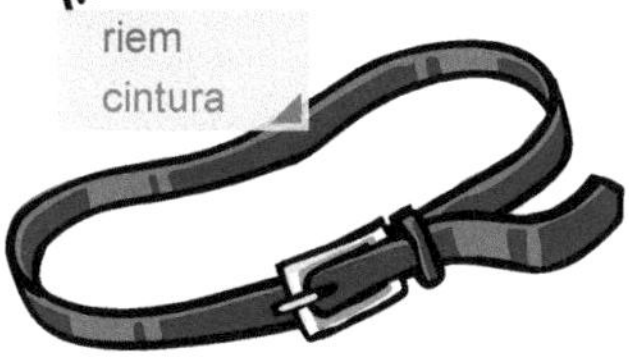

sneakers
sabates d'esport

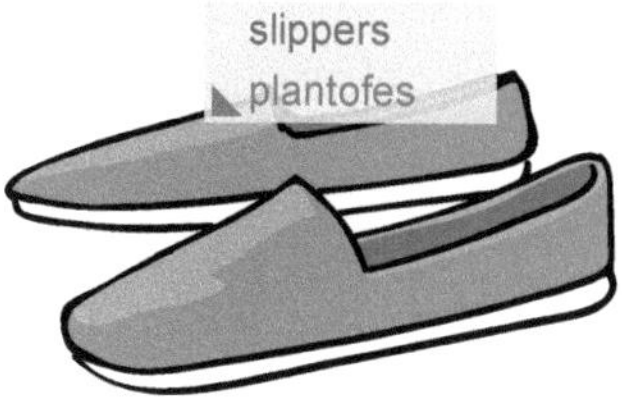

laarzen
botes

slippers
plantofes

sandalen
....
sandàlies

schoenen
....
sabates

rubberlaarzen
....
botes de goma

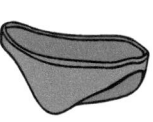

onderbroek
....
calçonets

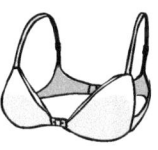

beha
....
sostenidor

onderhemd
....
guardapits

lichaam

jjustacòs

broek

pantalons

jeans

jeans

rok

faldeta

blouse

brusa

hemd

camisa

trui

jersei

capuchontrui

dessuadora

blazer

blazer

jas

jaqueta

jas

mantell

regenjas

impermeable

kostuum

vestit de dona

jurk

vestit de dona

trouwjurk

vestit de núvia

pak
vestit d'home

nachthemd
camisa de dormir

pyjama
pijama

sari
sari

hoofddoek
mocador de cap

tulband
turbant

boerka
burca

kaftan
caftan

abaya
abaia

badpak
vestit de bany

zwembroek
calçon(et)s de bany

short
pantalons curts

trainingspak
xandall

schort
davantal

handschoenen
guants

knoop

botó

bril

ulleres

armband

braçalet

ketting

collaret

ring

anell

oorbel

orellera

pet

casquet

kapstok

penjador

hoed

capell

das

corbata

rits

cremallera

helm

casc

bretellen

elàstics

schooluniform

uniforme escolar

uniform

uniforme

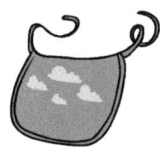

slabbetje

pitet

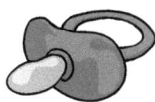

fopspeen

xumet

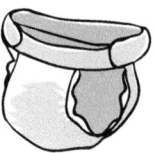

luier

bolquer

kantoor
oficina

server
servidor
dossierkast
armari arxivador
printer
impressora
papier
paper
monitor
monitor
muis
ratolí
bureau
escriptori
map
arxivador
toestenbord
teclat
papiermand
paperera
computer
ordinador
stoel
cadira

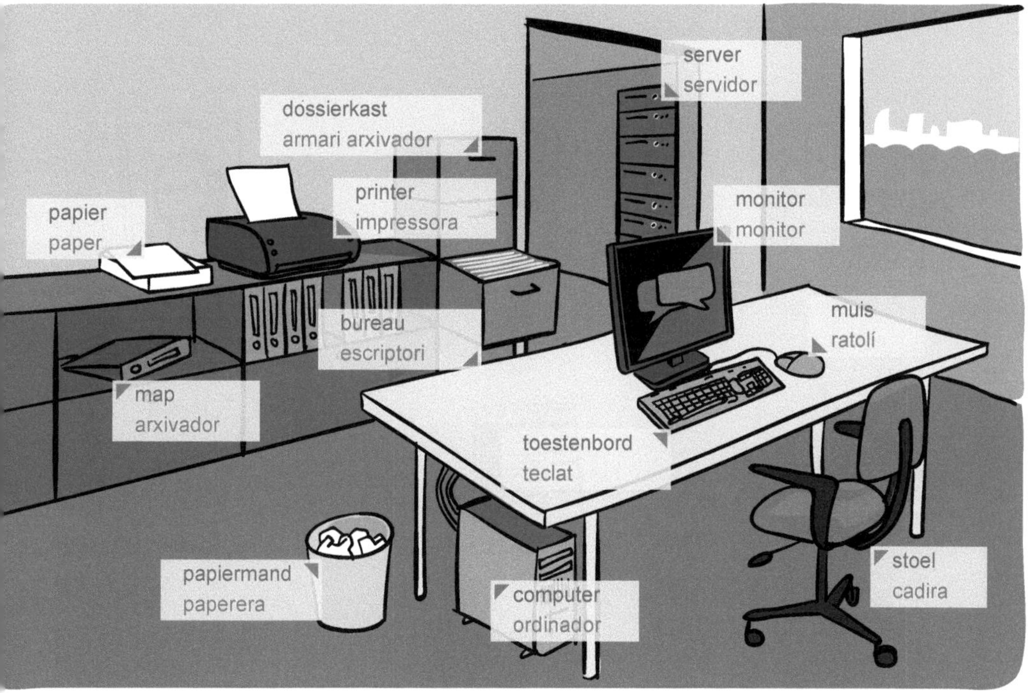

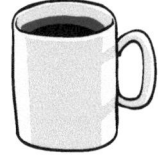

koffiemok

tassa de cafè

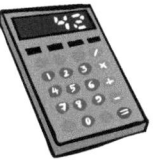

rekenmachine

calculadora

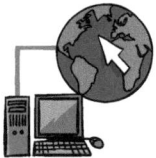

internet

Internet

laptop

ordinador portàtil

brief

lletra

bericht

missatge

gsm

mòbil

netwerk

xarxa

kopieerapparaat

fotocopiadora

software

programari

telefoon

telèfon

stopcontact

presa de corrent

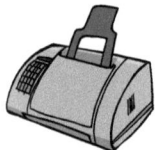

fax

fax

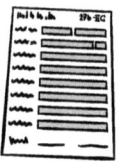

formulier

formulari

document

document

kopen
comprar

betalen
pagar

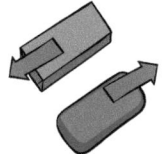

handelen
comerciar

geld
diners

dollar
dòlar

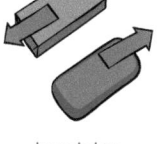

euro
euro

yen
ien

roebel
ruble

Zwitserse frank
franc suís

Chinese renminbi
renminbi

roepie
rupia

geldautomaat
caixa automàtica

wisselkantoor

oficina de canvi

goud

or

zilver

argent

olie

petroli

energie

energia

prijs

preu

contract

contracte

belasting

impost

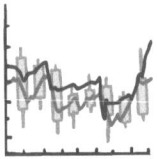

aandeel

acció

werken

treballar

werknemer

treballador

werkgever

empresari

fabriek

fàbrica

winkel

botiga

politieagent
oficial de policia

brandweerman
bomber

kok
cuiner

dokter
doctora

piloot
pilot

tuinman
jardiner

timmerman
fuster

naaister
costurera

rechter
jutge

chemicus
química

acteur
actor

buschauffeur

conductor d'autobús

taxichauffeur

taxista

visser

pescador

schoonmaakster

dona de la neteja

dakdekker

ensostrador

ober

cambrer

jager

caçador

schilder

pintor

bakker

forner

elektricien

electricista

bouwvakker

obrer de la construcció

ingenieur

enginyer

slager

carnisser

loodgieter

llanterner

postbode

correu

soldaat
soldat

architect
arquitecte

kassier
caixera

bloemist
florista

kapper
perruquer

conducteur
revisor

mecanicien
mecànic

kapitein
capità

tandarts
dentista

wetenschapper
científic

rabbijn
rabí

imam
imam

monnik
monjo

geestelijke
capellà

werktuigen
eines

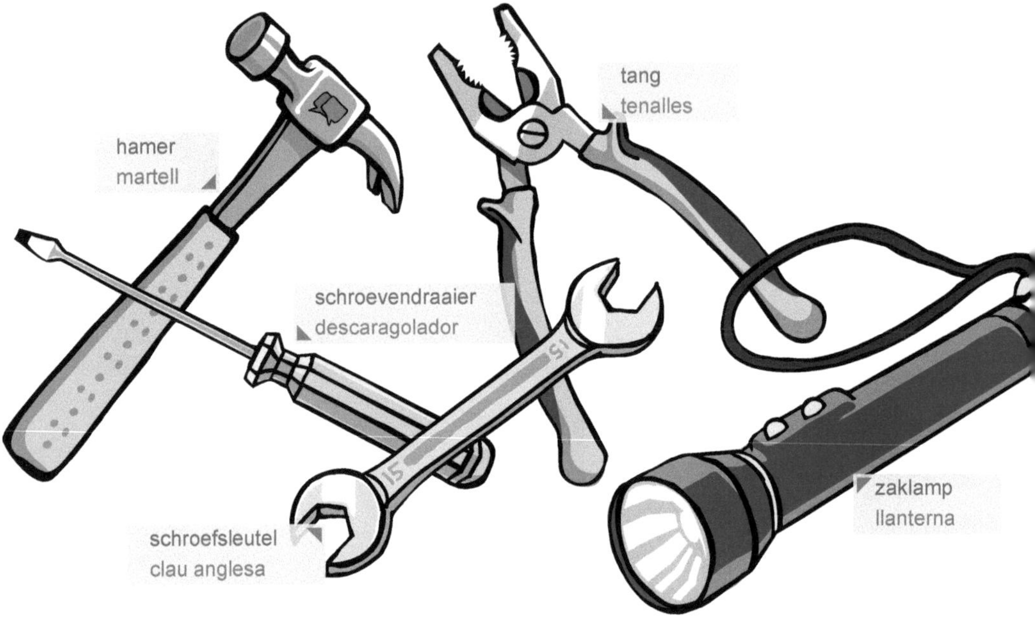

hamer
martell
tang
tenalles
schroevendraaier
descaragolador
schroefsleutel
clau anglesa
zaklamp
llanterna

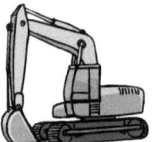

graafmachine

excavadora

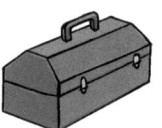

gereedschapskoffer

caixa d'eines

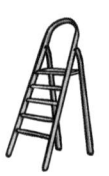

ladder

escala

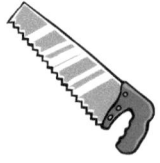

zaag

serra

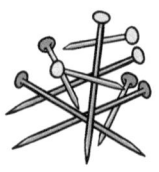

spijkers

claus

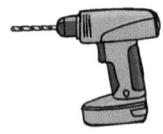

boormachine

trepant

repareren
reparar

schop
pala

Verdomme!
Maleït siga!

blik
pala

verfpot
pot de pintura

schroeven
caragols

muziekinstrumenten
instrument de música

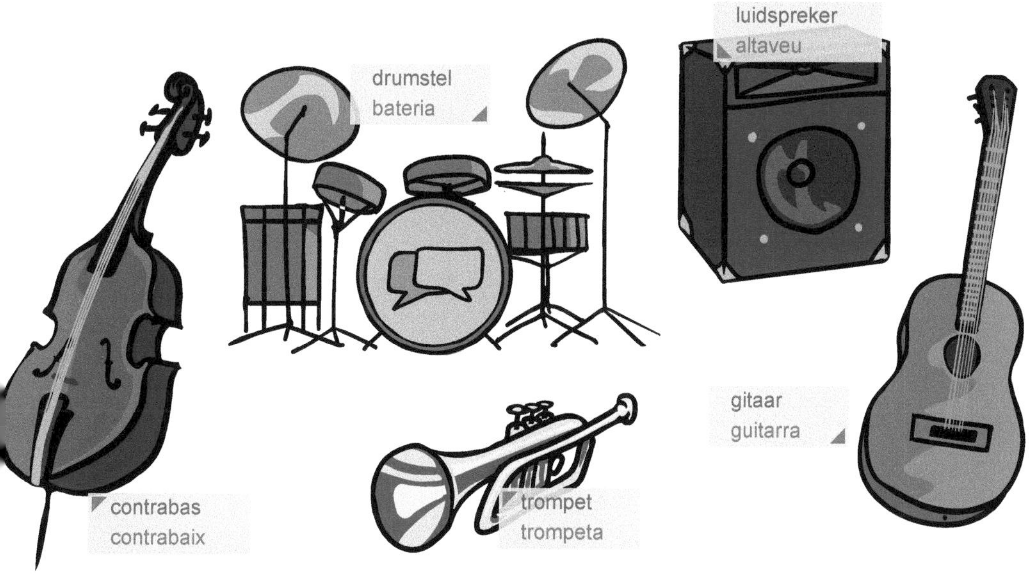

drumstel
bateria

luidspreker
altaveu

gitaar
guitarra

contrabas
contrabaix

trompet
trompeta

piano

piano

viool

violí

basgitaar

baix

pauk

timbal

trommels

tambor

keyboard

teclat

saxofoon

saxofon

fluit

flauta

microfoon

micròfon

ZOO

ZOO

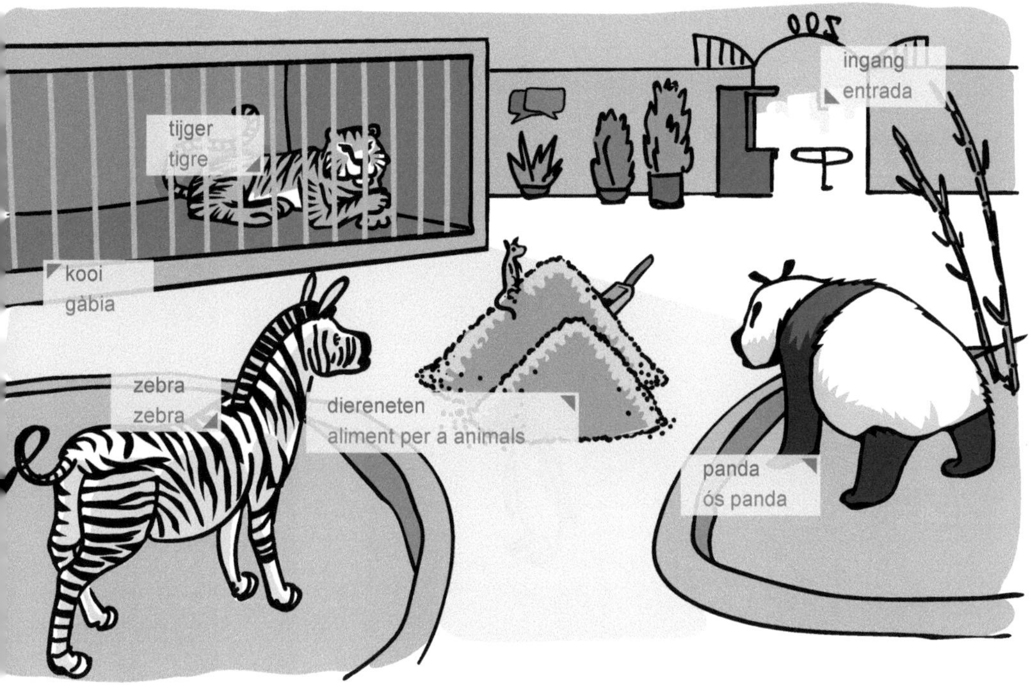

tijger
tigre
ingang
entrada
kooi
gàbia
zebra
zebra
diereneten
aliment per a animals
panda
ós panda

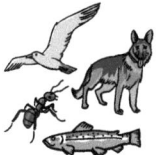

dieren

animals

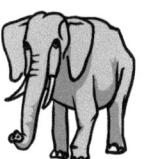

olifant

elefant

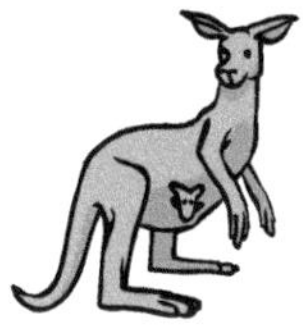

kangoeroe

cangurú

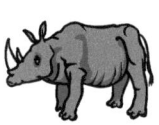

neushoorn

rinoceront

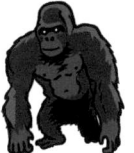

gorilla

goril·la

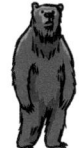

beer

ós

kameel

camell

struisvogel

estruç

leeuw

lleó

aap

simi

flamingo

flamenc

papegaai

papagai

ijsbeer

ós polar

pinguïn

pingüí

haai

ca mari

pauw

paó

slang

serp

krokodil

cocodril

dierenverzorger

guardià del zoo

zeehond

foca

jaguar

jaguar

pony
poni

luipaard
lleopard

nijlpaard
hipopòtam

giraffe
girafa

adelaar
àliga

wild zwijn
senglar

vis
peix

zeeschildpad
tortuga

walrus
morsa

vos
guineu

gazelle
gasela

rugby
futbol americà

wielrennen
ciclisme

tennis
tenis

basketbal
bàsquet

zwemmen
natació

boksen
boxa

ijshockey
hoquei sobre gel

voetbal
....
futbol americà

badminton
....
bàdminton

atletiek
....
atletisme

handbal
....
handbol

skiën
....
esquí

polo
....
polo

activiteiten
activitats

springen
saltar
knuffelen
abraçar
lachen
riure
wandelen
anar
zingen
cantar
dromen
somiar
bidden
pregar
kussen
fer un petó

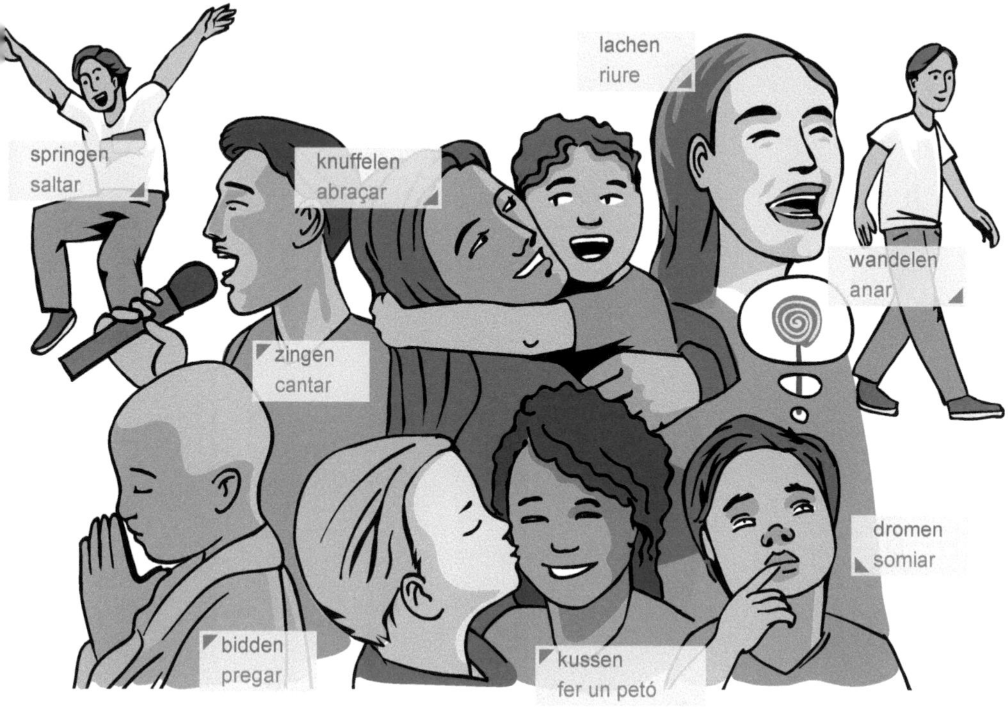

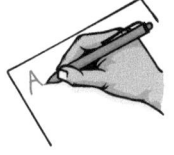

schrijven
escriure

tekenen
dibuixar

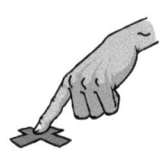

tonen
mostrar

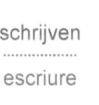

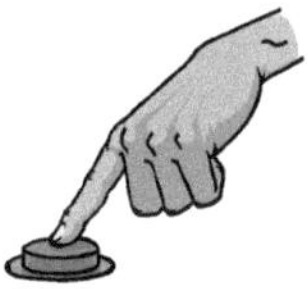

duwen
pitjar

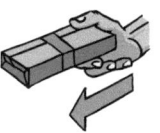

geven
donar

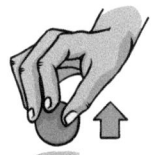

nemen
prendre

hebben

tenir

doen

fer

zijn

ésser

staan

estar dret

lopen

córrer

trekken

estirar

gooien

llançar

vallen

caure

liggen

jeure

wachten

esperar

dragen

portar

zitten

asseure's

aankleden

vestir-se

slapen

dormir

ontwaken

despertar-se

kijken naar

mirar

wenen

plorar

aaien

amoixar

kammen

pentinar

praten

parlar

begrijpen

comprendre

vragen

demanar

luisteren

escoltar

drinken

beure

eten

menjar

opruimen

endreçar

houden van

estimar

koken

cuinar

rijden

conduir

vliegen

volar

zeilen

navegar

rekenen

calcular

Lezen

llegir

leren

aprendre

werken

treballar

trouwen

casar-se

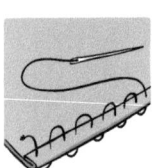

naaien

cosir

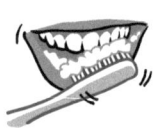

tandenpoetsen

raspallar-se les dents

doden

matar

roken

fumar

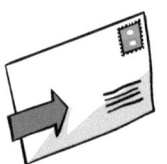

sturen

enviar

familie
família

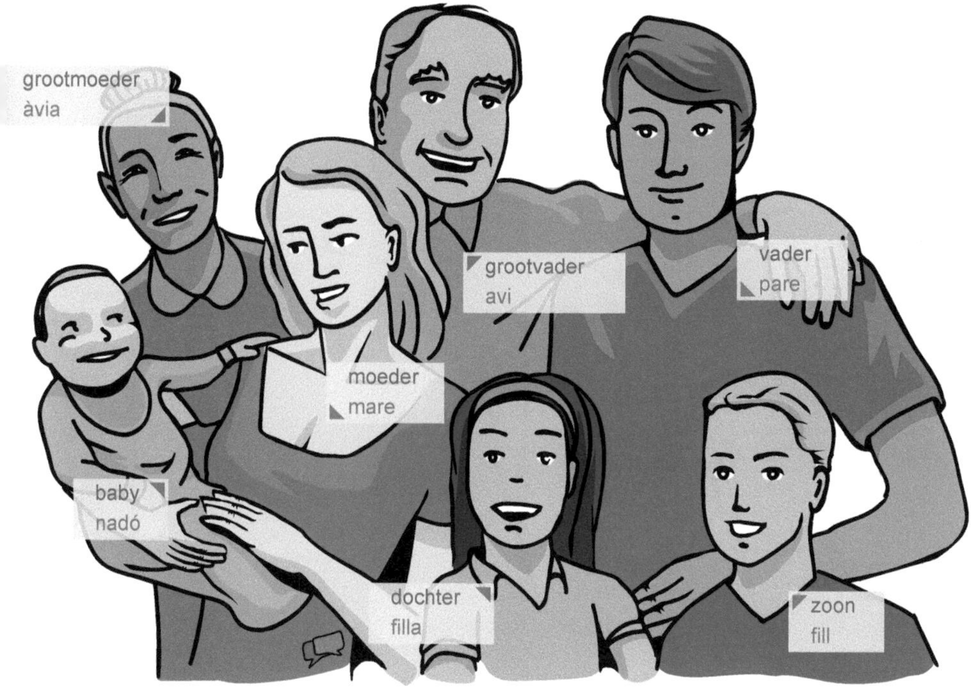
grootmoeder
àvia
grootvader
avi
vader
pare
moeder
mare
baby
nadó
dochter
filla
zoon
fill

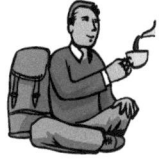

gast

convidat

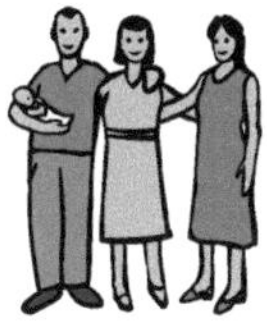

tante

tia

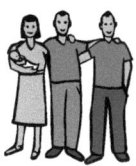

oom

oncle

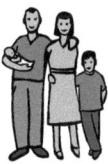

broer

germà

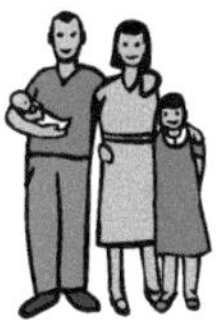

zus

germana

lichaam

cos

voorhoofd
front
oog
ull
schouder
espatlla
vinger
dit
gezicht
cara
kin
barbeta
hand
mà
been
cama
borst
pit
arm
braç

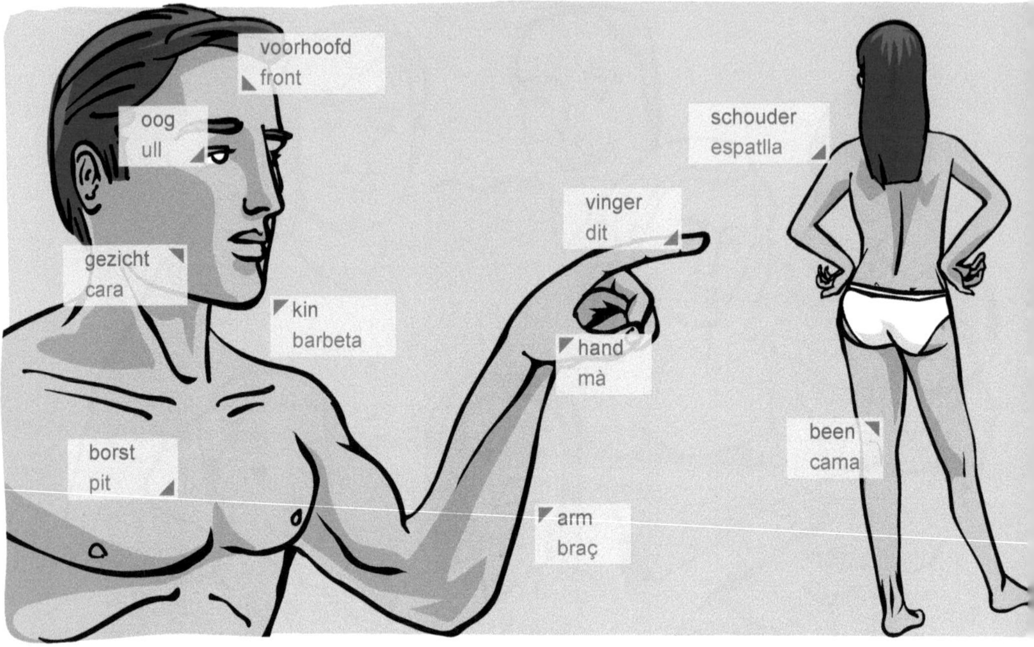

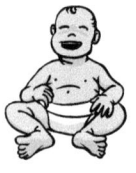

baby
nadó

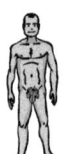

man
home

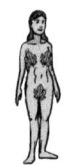

vrouw
dona

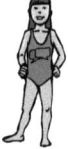

meisje
noia

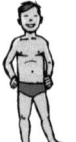

jongen
noi

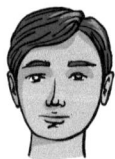

hoofd
cap

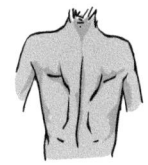

rug

esquena

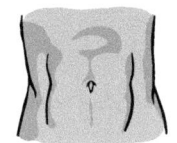

buik

panxa

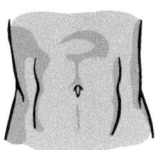

navel

melic

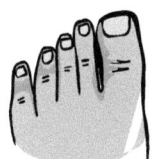

teen

dit gros del peu

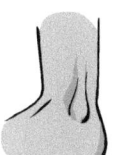

hiel

taló

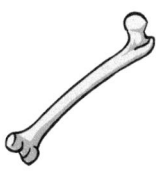

bot

os

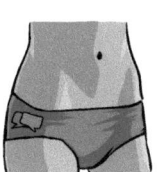

heup

maluc

knie

genoll

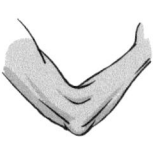

elleboog

colze

neus

nas

zitvlak

cul

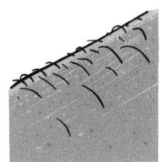

huid

pell

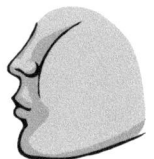

wang

galta

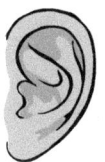

oor

orella

lip

llavi

mond

boca

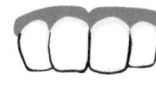

tand

dent

tong

llengua

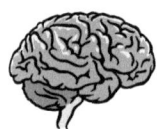

hersenen

cervell

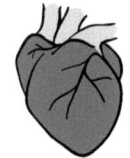

hart

cor

spier

múscul

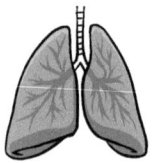

long

pulmó

lever

fetge

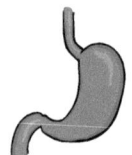

maag

estómac

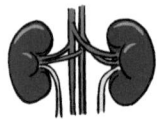

nieren

ronyó

seks

relació sexual

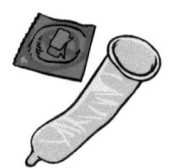

condoom

preservatiu

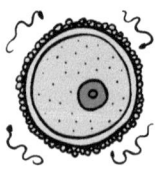

eicel

ovari

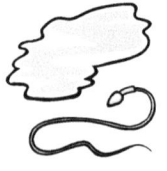

sperma

semen

zwangerschap

prenyat

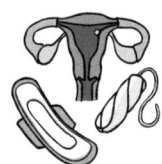

menstruatie
menstruació

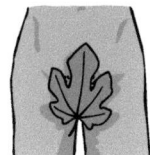

vagina
vagina

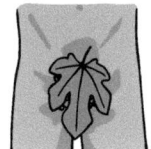

penis
penis

wenkbrauw
cella

haar
cabells

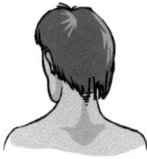

nek
coll

ziekenhuis
hospital

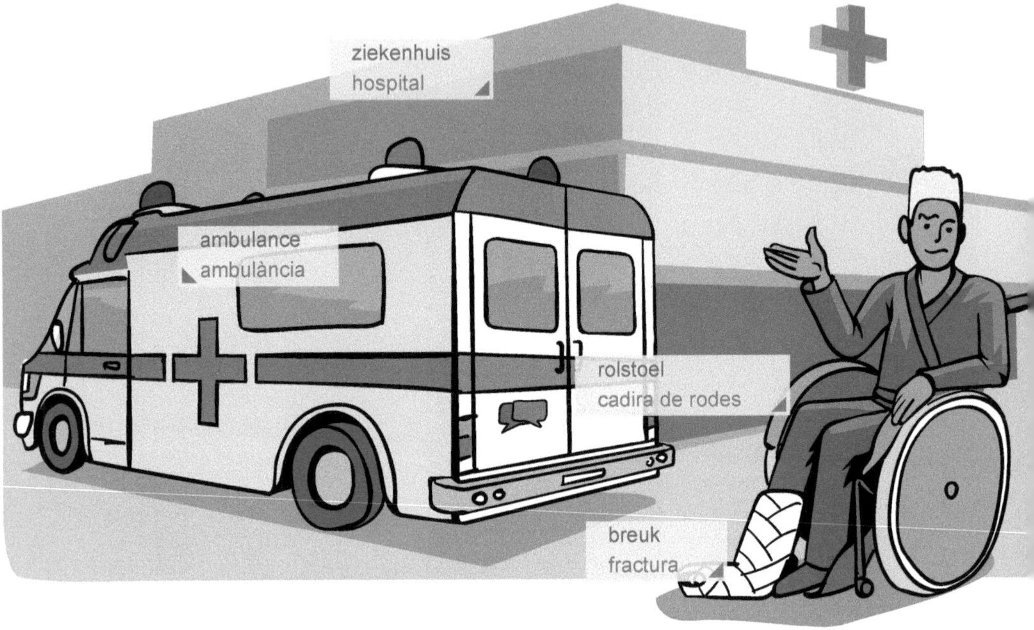

ziekenhuis
hospital
ambulance
ambulància
rolstoel
cadira de rodes
breuk
fractura

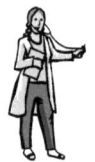

dokter
doctora

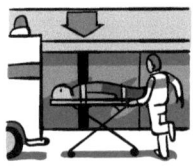

spoed
sala d'urgències

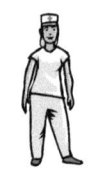

verpleegkundige
infermera

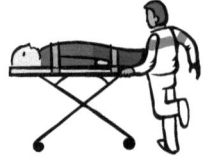

noodgeval
urgència

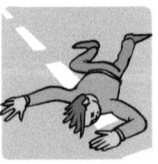

bewusteloos
inconscient

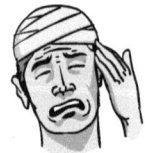

pijn
dolor

verwonding

ferida

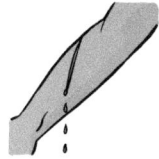

bloeding

sagnament

hartaanval

atac de cor

beroerte

apoplexia

allergie

al·lèrgia

hoest

tos

koorts

febre

griep

gripa

diarree

diarrea

hoofdpijn

mal de cap

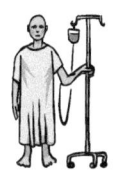

kanker

càncer

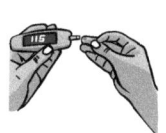

diabetes

diabetis

chirurg

cirurgià

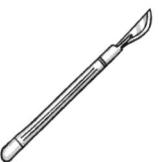

scalpel

escalpel

operatie

operació

CT

tomografia computada (TC), TAC

röntgenstraal

raigs x

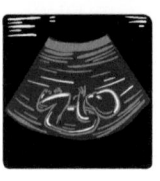

ultrageluid

ultrasò

gezichtsmasker

mascareta

ziekte

malaltia

wachtkamer

sala d'espera

kruk

crossa

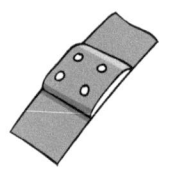

pleister

tireta

verband

embenat

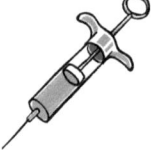

injectie

injecció

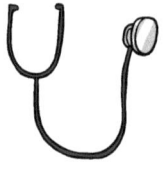

stethoscoop

estetoscopi

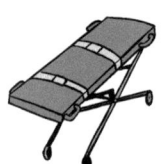

brancard

llitera

thermometer

termòmetre clínic

geboorte

pariment

overgewicht

sobrepès

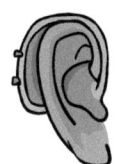

hoorapparaat

aparell auditiu

ontsmettingsmiddel

desinfectant

infectie

infecció

virus

virus

HIV / AIDS

VIH / SIDA

medicijn

medicina

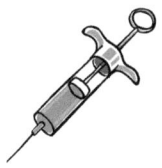

vaccinatie

vaccí

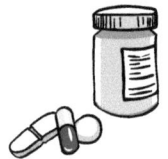

tabletten

comprimits

pil

píl·lola

noodoproep

trucada d'urgència

bloeddrukmeter

tensiòmetre

ziek / gezond

malalt / sà

Help!	alarm	overval
Socors!	alarma	assalt

aanval	gevaar	nooduitgang
atac	perill	sortida-eixida d'urgència

Brand!	brandblusser	ongeval
Foc!	extintor	accident

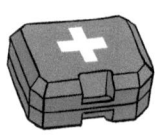

EHBO-kit	SOS	politie
farmaciola de primers auxilis	SOS	policia

Europa

Europa

Noord-Amerika

Amèrica del Nord

Zuid-Amerika

Amèrica del Sud

Afrika

Àfrica

Azië

Àsia

Australië

Austràlia

Atlantische Oceaan

Atlàntic

Stille Oceaan

Pacífic

Indische Oceaan

Oceà Índic

Antarctische Oceaan

Oceà Antàrtic

Arctische Oceaan

Oceà Àrtic

Noordpool

pol nord

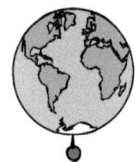

Zuidpool
pol sud

Antarctica
Antàrtida

aarde
terra

land
país

zee
mar

eiland
illa

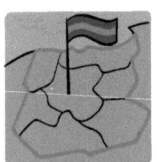

natie
nació

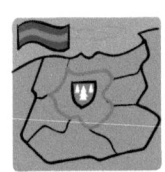

staat
estat

wijzerplaat

quadrant

uurwijzer

agulla de les hores

minuutwijzer

agulla dels minuts

secondewijzer

agulla dels segons

Hoe laat is het?

Quina hora és?

dag

dia

tijd

temps

nu

ara

digitale horloge

rellotge digital

minuut

minut

uur

hora

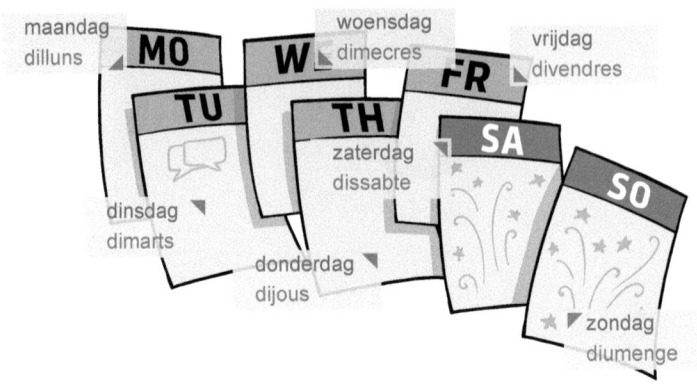

maandag
dilluns

woensdag
dimecres

vrijdag
divendres

dinsdag
dimarts

zaterdag
dissabte

donderdag
dijous

zondag
diumenge

gisteren

ahir

vandaag

avui

morgen

demà

ochtend

matí

middag

migdia

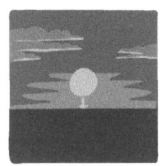

avond

tarda

werkdagen

dia feiner

weekend

cap de setmana

jaar
any

regen
pluja
regenboog
arc de Sant Martí
sneeuw
neu
wind
vent
lente
primavera
herfst
tardor
zomer
estiu
winter
hivern

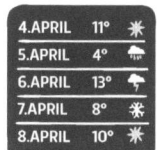

4.APRIL 11°
5.APRIL 4°
6.APRIL 13°
7.APRIL 8°
8.APRIL 10°

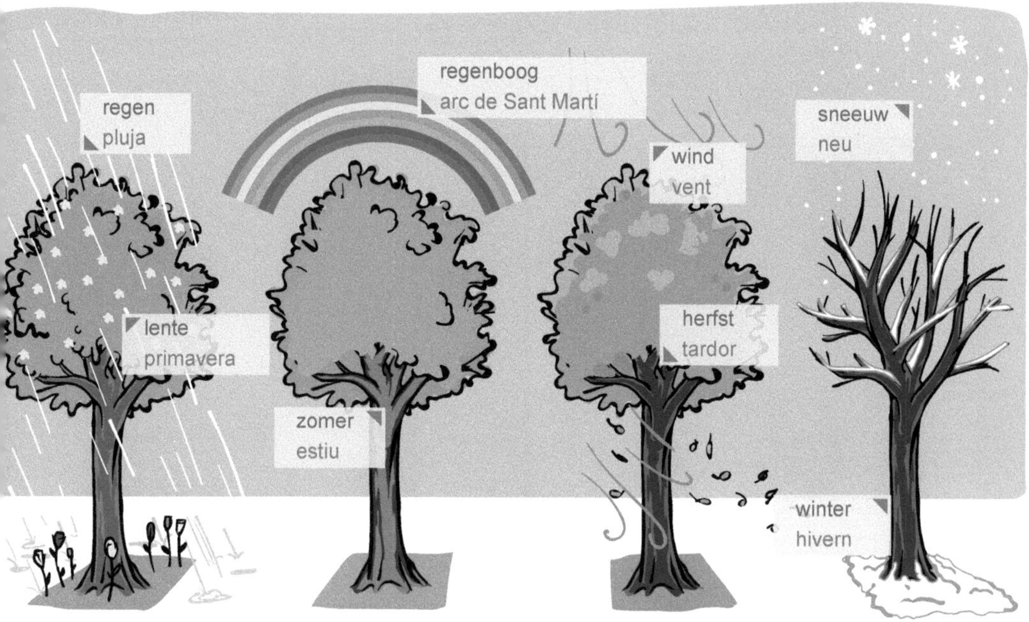

weervoorspelling

pronòstic del temps

F
C
120
90
60
30
0
-30
40
30
20
10
0
-10
-20

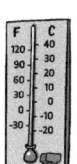

thermometer

termòmetre

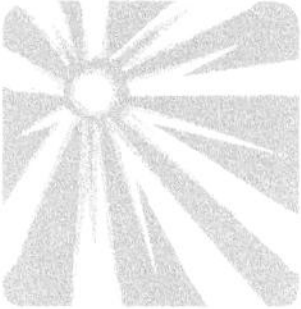

zonneschijn

llum del sol

wolk

núvol

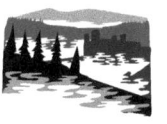

mist

boira

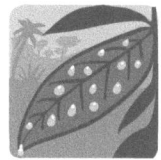

vochtigheid

humiditat de l'aire

bliksem

llamp

donder

tro

storm

tempesta

hagel

calamarsa

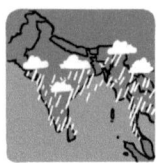

moesson

monsó

overstroming

inundació

ijs

gel

januari

gener

februari

febrer

maart

març

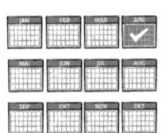

april

abril

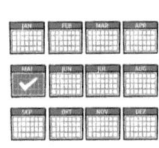

mei

maig

juni

juny

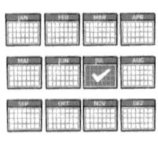

juli

juliol

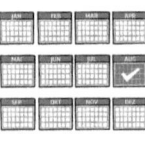

augustus

agost

jaar - any

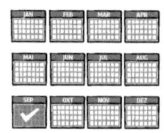

september
setembre

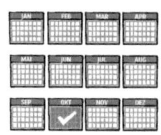

oktober
octubre

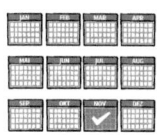

november
novembre

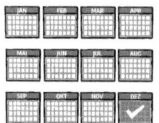

december
desembre

vormen
formes

cirkel
cercle

kwadraat
quadrat

rechthoek
rectangle

driehoek
triangle

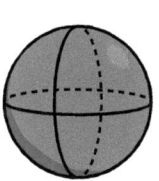

bol
esfera

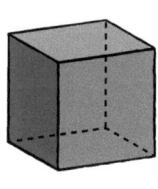

kubus
cub

wit

blanc

geel

groc

oranje

taronja

roze

rosa

rood

vermell

paars

lila

blauw

blau

groen

verd

bruin

marró

grijs

gris

zwart

negre

veel / weinig

molt / poc

boos / kalm

emprenyat / tranquil

mooi / lelijk

bonic / lleig

begin / einde

començament / fi

groot / klein

gran / petit

licht / donker

clar / fosc

broer / zus

germà / germana

proper / vuil

net / brut

volledig / onvolledig

complet / incomplet

dag / nacht

dia / nit

dood / levend

mort / viu

breed / smal

ample / estret

eetbaar / oneetbaar

comestible / immenjable

kwaadaardig / vriendelijk

dolent / amable

opgewonden / verveeld

entusiasmat / entediat

dik / dun

gros / prim

eerst / laatst

primer / darrer

vriend / vijand

amic / enemic

vol / leeg

ple / buit

hard / zacht

dur / tou

zwaar / licht

pesant / lleuger

honger / dorst

gana / set

ziek / gezond

malalt / sà

illegaal / legaal

il·legal / legal

intelligent / dom

intel·ligent / ximple

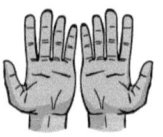

links / rechts

esquerra / dreta

dichtbij / veraf

prop / llunyà

nieuw / gebruikt

nou / usat

niets / iets

res / quelcom

oud / jong

vell / jove

aan / uit

encès / apagat

open / dicht

obert / tancat

stil / luid

silenciós / sorollós

rijk / arm

ric / pobre

juist / fout

correcte / incorrecte

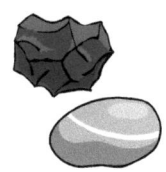

ruw / glad

aspre / suau

droevig / blij

trist / content

kort / lang

curt / llarg

traag / snel

lent / ràpid

nat / droog

humit / sec - eixut

warm / koud

calent / fred

oorlog / vrede

guerra / pau

0	**1**	**2**
nul	één	twee
zero	u	dos

3	**4**	**5**
drie	vier	vijf
tres	quatre	cinc

6	**7**	**8**
zes	zeven	acht
sis	set	vuit

9	**10**	**11**
negen	tien	elf
nou	deu	onze

12	**13**	**14**
twaalf	dertien	veertien
dotze	tretze	catorze
15	**16**	**17**
vijftien	zestien	zeventien
quinze	setze	disset
18	**19**	**20**
achtien	negentien	twintig
divuit	dinou	vint
100	**1.000**	**1.000.000**
honderd	duizend	miljoen
cent	mil	milió

Talen
llengües

Engels

anglès

Amerikaans Engels

anglès americà

Chinees (Mandarijn)

xinès mandarí

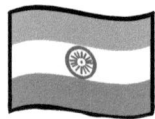

Hindi

hindi

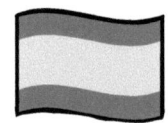

Spaans

espanyol

Frans

francès

Arabisch

àrab

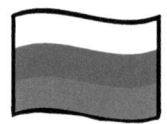

Russisch

rus

Portugees

portuguès

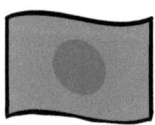

Bengali

bengalí

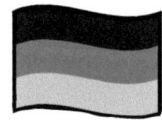

Duits

alemany

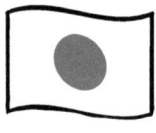

Japans

japonès

ik
jo

u
tu

hij / zij / het
ell / ella / allò

wij
nosaltres

u
vosaltres

ze
ells

wie?
qui?

wat?
què?

hoe?
com?

waar?
on?

wanneer?
quan?

naam
nom

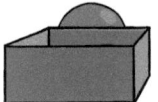

achter

darrere

in

en

voor

davant de

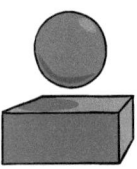

boven

damunt

op

sobre

onder

sota

naast

al costat

tussen

entre

plaats

lloc